초등학교 1학년 읽기 유창성 프로그램

따스함

기초편 ❷

교재 음성 파일

따스함 기초편 ❷

초등학교 1학년 읽기 유창성 프로그램

1판 1쇄 발행 2021년 12월 20일
1판 10쇄 발행 2025년 3월 5일

저자 배움찬찬이연구회
편집 김선희
편집지원 전경자 손명식 김요섭
일러스트 정수현
디자인 정선형
제작 이광우
경영지원 이성경
인쇄 한국학술정보(주)
성우 김선희 김사랑 김정헌
녹음 올제뮤직스튜디오 김용빈
ISBN 979-11-89782-45-0 (63710)
값 8,900원

템북 TEMBOOK
주소 인천 중구 흰바위로59번길 8, 지웰오피스텔 1036호
전화 032-752-7844
팩스 032-752-7840
홈페이지 tembook.kr
출판등록 2018년 3월 9일 제2018-000006호

초등학교 1학년 읽기 유창성 프로그램

따라 읽기 · **스**스로 읽기 · **함**께 읽기

따스함

기초편 ②

배움찬찬이연구회 지음

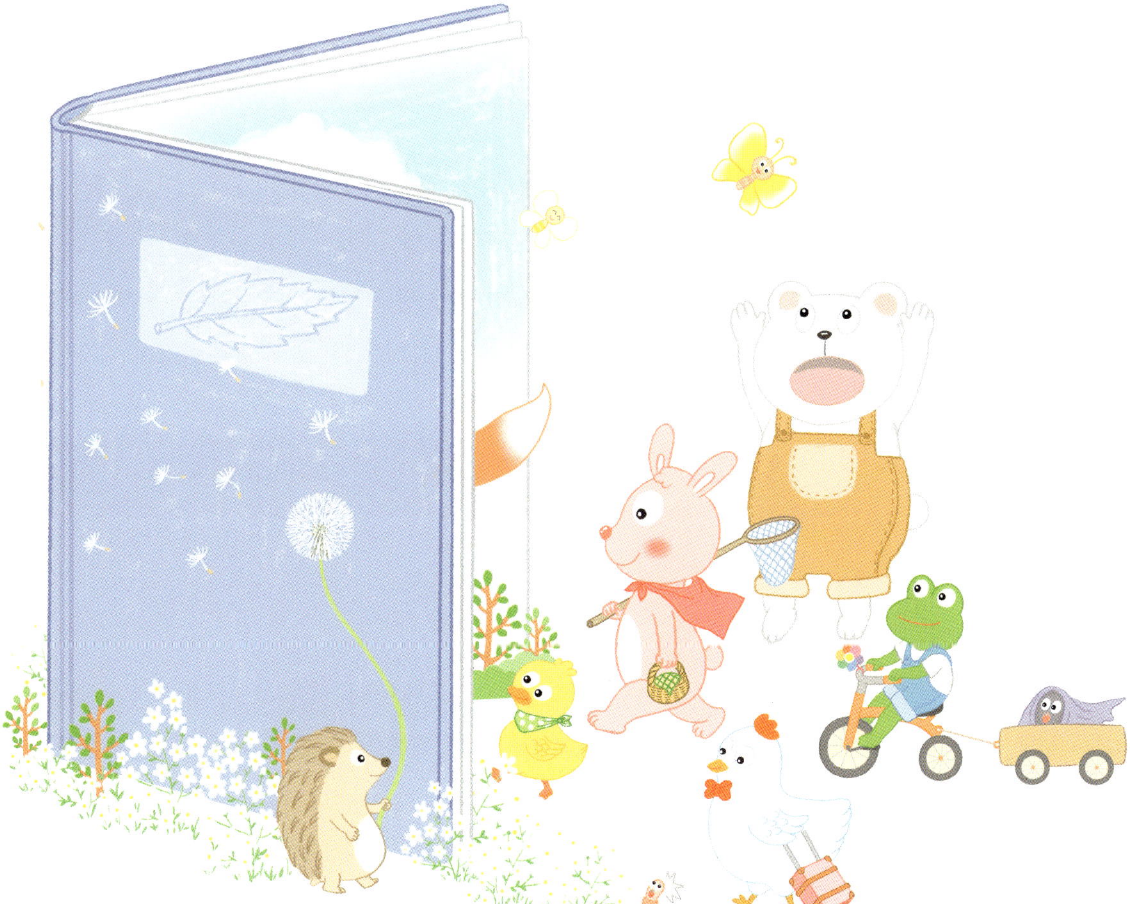

TEM BOOK

이 책의 목적

이 책의 목적은 읽기 유창성 향상에 있다. 읽기 유창성은 적절한 속도로 물 흐르듯이 부드럽고 정확하게 읽는 것을 의미한다. 그동안 우리는 아이들이 초등학교에 입학하여 한글을 해득하고, 2학년 정도가 되면 자연스럽고 유창하게 잘 읽을 것이라는 막연한 기대를 가지고 있었다. 하지만 유창하게 읽지 못하는 학생들이 생각보다 많다. 미국의 국가교육통계센터(NAEP)에 의하면, 초등학교 4학년 학생들 중 35%가 유창하게 읽지 못한다고 한다. 이것은 학생들에게 읽기 유창성 교육이 중요하다는 것을 의미한다. 국가읽기위원회(National Reading Panel)는 초등학교 5학년까지 읽기 유창성 교육이 필요하며, 읽기 부진이나 학습 장애 학생에게는 이후에도 읽기 유창성 교육이 도움이 된다고 말하고 있다.

유창하게 읽으면, 아이들은 책을 좋아하게 된다

많은 연구 결과에 의하면 읽기 유창성은 읽기 이해와 매우 높은 상관성을 가지고 있다. 따라서 유창하게 읽지 못한다는 것은 곧 읽기 이해가 낮음을 의미한다. 아마 초등학교 교사라면 물 흐르듯이, 표현을 잘 살려 읽는 학생은 글 내용의 이해도가 높음을 알고 있을 것이다. 반면 유창하게 읽지 못하는 학생은 글 읽기에 인지적 자원을 많이 사용하기 때문에 읽은 후에 내용 파악이 더 어렵다. 이러한 이유로 읽기 유창성을 획득한 아이들은 내용에 더 집중할 수 있고, 결국 책 읽기를 좋아하게 된다. 읽기 교육에서 읽기 유창성은 단어 읽기와 읽기 이해를 연결하는 교량 또는 연결 고리이기에 그 중요성은 더욱 강조되고 있다.

읽기 부진 학생에게 효과가 있다

읽기 유창성 향상을 위한 효과적인 방법은 소리 내어 반복해서 읽기(Guided Repeated Oral Reading)이다. 이 책은 학교 현장에서 '소리 내어 반복해서 읽기'를 효과적으로 적용하기 위해 '시범 읽기'와 '또래 교수'라는 방법을 적용했다. 이를 제주도의 한 학급에서 시작해서 강원도와 인천의 여러 학교에 적용한 결과, 참여한 대부분 학생들의 읽기 능력이 뚜렷하게 향상되었다. 그리고 읽기 유창성과 함께 읽기 이해에도 효과가 있었다. 특히 하위권 학생의 향상이 눈에 띄었다. 처음에는 정확도가, 점점 시간이 지나면서 신속성과 표현력 그리고 이해력까지 향상되었다.

교실과 가정에서 쉽게 활용이 가능하다

이 교재는 학교와 가정에서 쉽고 편리하게 활용할 수 있도록 음성 자료(안내, 시범읽기)를 제공한다. 따라서 온라인 가정학습으로도 활용할 수 있다. 글을 읽고 이해한 정도를 확인하는 문제풀이와 어려운 단어 쓰기 연습도 함께 제공하고 있다. 현장 연구에 참여한 선생님들은 주 3회 이상 꾸준히 적용하는 것이 가장 중요하다고 보았다. 처음에는 잘 모르다가 어느새 점점 학생들이 유창하게 읽는 모습을 보이고, 한 달 이상 지나면 눈에 띄게 발전하며, 두 달이 되면 학생들의 전반적인 읽기 능력이 향상된다고 말했다.

교실에 있는 우리 아이들을 위해 만들었다

배움찬찬이연구회에서 처음부터 읽기 유창성에 관심을 가졌던 것은 아니다. 한글을 읽지 못하던 학생이 한글을 성공적으로 해득하면, 가르치는 교사와 부모 모두 학생이 부드럽고 유창하게 읽기를 기대하게 된다. 이렇게 읽기가 어려운 아이들을 따라가다 보니 현장에서 쉽게 활용할 수 있는 체계적인 유창성 프로그램이 필요하다는 것을 알게 되었다. 무엇보다 이 책이 다문화 가정과 환경적으로 독서 경험이 부족한 학생들의 읽기 발달에 도움이 되길 기대한다.

저자를 대표하여, 김중훈

활용 방법

이 교재는 학교와 가정에서 학생이 편리하게 사용할 수 있도록 음성 파일을 제공하고 있다. 구체적인 활용 방법은 아래와 같다.

1. 음성 파일

- www.basic123.net
- QR 코드를 통한 실행

2. 교재의 음성 파일 순서

① 시범 읽기 : 선생님 (시범)
② 따라 읽기 : 선생님 (시범) + 학생 (따라 읽기)
③ 스스로 읽기 또는 함께 읽기

3. 학생 스스로 읽기 연습 과정 표시하기

※ 열심히 연습하고 □안에 동그라미표 하세요.

1. 들으며 읽기	2. 따라 읽기	3. 짝과 함께 읽기		4. 스스로 연습하기
		학생 역할	선생님 역할	
🔊	🔊	👦	👧	👦

※<3. 짝과 함께 읽기>는 상황에 따라 <4. 스스로 연습하기>(3회)로 전환하여 진행할 수 있다.

4. 확인하기 및 쓰기

- [확인하기]는 본문을 읽고, 읽기 이해를 점검하는 단계이다. 차시별로 2개의 내용 확인문제가 있다.
- [쓰기]는 헷갈리기 쉬운 단어를 선정하여 쓰기 연습을 제공한다.

5. 도전하기 (선택 활동)

[도전하기]는 선택 활동으로 읽기 유창성 향상 정도를 확인하는 단계이다.
음성파일을 듣기 전(출발)과 쓰기 활동이 끝난 후(도달) 글을 소리 내어 읽도록 한다.
걸린 시간과 틀린 어절 수를 기록하여 향상도를 알 수 있다.

도전하기

출발	걸린 시간	___분 ___초	도달	걸린 시간	___분 ___초
	틀린 어절 수	_____ 어절		틀린 어절 수	_____ 어절

6. 선생님용 부록

선생님용 부록(82페이지)에는 사전 평가, 사후 평가, 형성평가에 대한 안내 및 점검표가 있다. 이를 통해 학생의 읽기 향상 정도를 확인할 수 있다.

교재 구성

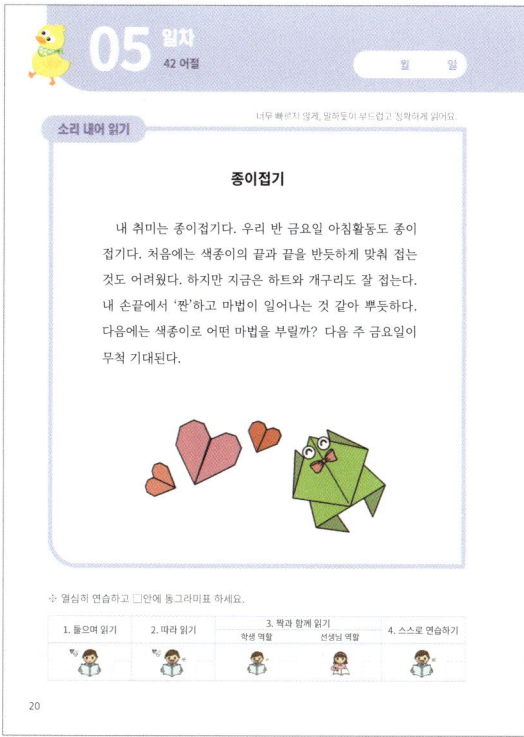

▶ 날짜별 차시와 어절 수가 표시되어 있다.

▶ **본문**
설명글, 이야기글, 동시가 있다.

▶ **삽화**
내용에 따라 이해를 돕는 삽화가 있다.

▶ **읽기 연습 과정을 스스로 표시하기**

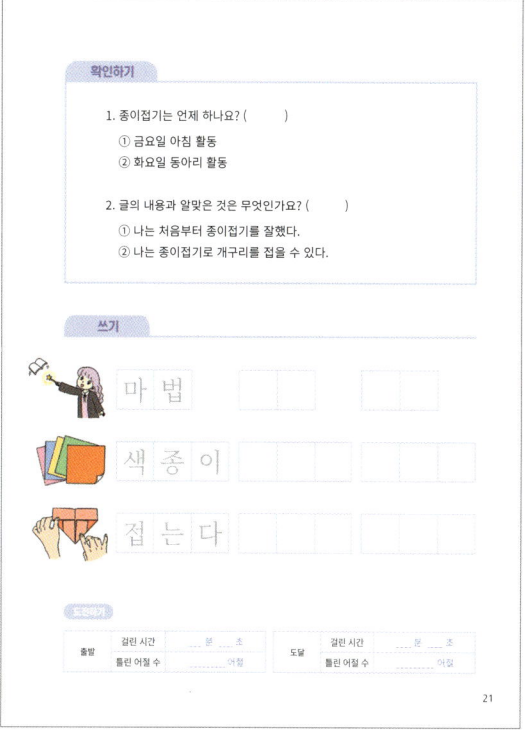

▶ **확인하기**
읽은 내용을 잘 이해하였는지 점검한다.

▶ **쓰기**
헷갈리기 쉬운 단어를 따라 써본다.

▶ **도전하기**
읽기 유창성 향상도를 확인할 수 있다.

차례

함께 노래해요

순서	갈래	글의 제목	쪽
1	동시	꽃으로 말해요	12
2	동시	달님	14
3	동시	자음 수수께끼	16
4	동시	소라 껍데기	18
5	이야기	종이접기	20
6	이야기	사랑하는 마음	22
7	이야기	주말농장	24
8	이야기	비빔밥	26
9	설명문	수달	28
10	설명문	거미	30
형성평가	이야기글	허준과 동의보감	32
형성평가	설명글	몸에서 땀이 나요!	33

함께 이야기해요

순서	갈래	글의 제목	쪽
11	설명문	항아리	36
12	설명문	우리를 지켜 주는 옷	38
13	이야기	눈이 왜 안 오지?	40
14	설명문	오카리나	42
15	설명문	두부	44
16	이야기	미술 시간	46

순서	갈래	글의 제목	쪽
17	설명문	대나무의 비밀	48
18	이야기	김치의 변신	50
19	이야기	두꺼비집	52
20	이야기	나의 꿈	54
형성평가	이야기글	욕심 많은 개	56
형성평가	설명글	우리 몸을 지켜 주는 딱지	57

함께 배워요

순서	갈래	글의 제목	쪽
21	설명문	상괭이	60
22	이야기	전학생 하늘이	62
23	설명글	잠을 좋아하는 코알라	64
24	설명문	털이 하는 일	66
25	이야기	도서관	68
26	설명문	반달곰	70
27	이야기	할미니의 그리스마스 선물	72
28	설명문	여러 가지 차	74
29	설명문	귀뚜라미	76
30	이야기글	안경	78

선생님용 부록	점검표, 사전 평가, 사후 평가	82

꽃으로 말해요

달님

자음 수수께끼

소라 껍데기

종이접기

사랑하는 마음

주말농장

비빔밥

수달

거미

01 일차
24어절

너무 빠르지 않게, 말하듯이 부드럽고 정확하게 읽어요.

소리 내어 읽기

꽃으로 말해요

고마운 마음, 사랑하는 마음
어떻게 표현하지?
꽃으로 말해요.

엄마, 아빠
낳아 주셔서 감사합니다.
카네이션으로 말해요.

할아버지
하늘나라에서는
아프지 말고 건강하세요.
국화꽃으로 말해요.

※ 열심히 연습하고 □안에 동그라미표 하세요.

1. 들으며 읽기	2. 따라 읽기	3. 짝과 함께 읽기		4. 스스로 연습하기
		학생 역할	선생님 역할	

확인하기

1. 카네이션을 누구에게 드렸나요? (   )

   ① 엄마, 아빠
   ② 할아버지

2. 이 글에서 할아버지께 전하고 싶은 마음은 무엇인가요? (   )

   ① 가르쳐 주셔서 감사합니다.
   ② 아프지 말고 건강하세요.

쓰기

 낳 다

 아 프 다

 국 화 꽃

※ 시를 읽을 때는 시간을 재지 않아요. 글을 읽고 잘했다고 생각한 부분에 ○표 해봅시다.

노래하듯이 읽었다.	느낌을 살려 읽었다.	띄어 읽기를 잘했다.

02 일차
36어절

너무 빠르지 않게, 말하듯이 부드럽고 정확하게 읽어요.

소리 내어 읽기

달님

깜깜한 밤하늘에 달님
날마다 변신하는 달님

동글동글 보름달은
둥그런 우리 아빠 얼굴

반만 보이는 반달은
활짝 웃는 우리 엄마 입술

조그마한 초승달은
귀여운 우리 동생 눈썹

달님이 보여 주는 우리 가족
오늘 달님은 어떤 모습일까?

※ 열심히 연습하고 □안에 동그라미표 하세요.

1. 들으며 읽기	2. 따라 읽기	3. 짝과 함께 읽기		4. 스스로 연습하기
		학생 역할	선생님 역할	

확인하기

1. 보름달은 어떻게 생겼나요? (   )

    ① 둥그런 아빠 얼굴
    ② 웃고 있는 엄마 입술

2. 초승달은 어떻게 생겼나요? (   )

    ① 귀여운 동생 눈썹
    ② 동그란 내 눈동자

쓰기

 눈 썹

 초 승 달

 보 름 달

※ 시를 읽을 때는 시간을 재지 않아요. 글을 읽고 잘했다고 생각한 부분에 ○표 해봅시다.

노래하듯이 읽었다.	느낌을 살려 읽었다.	띄어 읽기를 잘했다.

03 일차
55어절

소리 내어 읽기

너무 빠르지 않게, 말하듯이 부드럽고 정확하게 읽어요.

자음 수수께끼

안녕! 너는 어디에 사니?
　　안녕! 나는 입술에서 살아.
너는 힘이 세니?
　　응, 나는 힘이 세!
반가워! 'ㅃ'

안녕! 너는 어디에 사니?
　　안녕! 나는 앞니 뒤에 살아.
너는 바람이 세니?
　　아니, 나는 부드러운 콧소리가 나!
반가워! 'ㄴ'

안녕! 너는 어디에 사니?
　　안녕! 나는 목구멍에서 살아.
너는 바람이 나오니?
　　응, 나는 바람이 나와!
반가워! 'ㅎ'

※ 열심히 연습하고 □안에 동그라미표 하세요.

1. 들으며 읽기	2. 따라 읽기	3. 짝과 함께 읽기		4. 스스로 연습하기
		학생 역할	선생님 역할	

확인하기

1. 'ㅃ'는 어디에 살고 있나요? (   )

   ① 입술
   ② 목구멍

2. 앞니 뒤에서 부드러운 콧소리를 내는 자음은 무엇인가요? (   )

   ① ㄴ
   ② ㅎ

쓰기

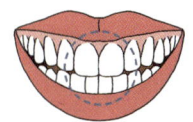 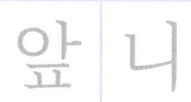  

 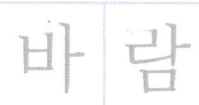  

※ 시를 읽을 때는 시간을 재지 않아요. 글을 읽고 잘했다고 생각한 부분에 ○표 해봅시다.

노래하듯이 읽었다.	느낌을 살려 읽었다.	띄어 읽기를 잘했다.

04 일차
43어절

월　　일

소리 내어 읽기

너무 빠르지 않게, 말하듯이 부드럽고 정확하게 읽어요.

소라 껍데기

소라 껍데기 귀에 대고
바다 목소리 들어봐요.

쏴아, 쏴아
소라 껍데기에 쉬었다 간
꽃게 가족 이야기

매서운 파도를 피해
엄마가 아기 손을 잡고
소라 껍데기로 숨었죠.

파도가 지나가고
엄마는 아기 손을 잡고
다시 바다로 떠났죠.

쏴아, 쏴아
바다가 들려주는 따뜻한 이야기

※ 열심히 연습하고 □안에 동그라미표 하세요.

1. 들으며 읽기	2. 따라 읽기	3. 짝과 함께 읽기		4. 스스로 연습하기
		학생 역할	선생님 역할	

확인하기

1. 꽃게 가족이 숨은 곳은 어디인가요? (   )

   ① 조개 껍데기
   ② 소라 껍데기

2. 꽃게 가족은 어디로 떠났나요? (   )

   ① 바다
   ② 육지

쓰기

 꽃게

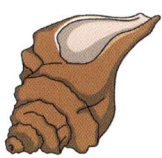 껍데기

 따뜻한

※ 시를 읽을 때는 시간을 재지 않아요. 글을 읽고 잘했다고 생각한 부분에 ○표 해봅시다.

노래하듯이 읽었다.	느낌을 살려 읽었다.	띄어 읽기를 잘했다.

05 일차
44어절

월 일

소리 내어 읽기

너무 빠르지 않게, 말하듯이 부드럽고 정확하게 읽어요.

종이접기

내 취미는 종이접기다. 우리 반 금요일 아침 활동도 종이접기다. 처음에는 색종이의 끝과 끝을 반듯하게 맞춰 접는 것도 어려웠다. 하지만 지금은 하트와 개구리도 잘 접는다. 내 손끝에서 '짠' 하고 마법이 일어나는 것 같아 뿌듯하다. 다음에는 색종이로 어떤 마법을 부릴까? 다음 주 금요일이 무척 기대된다.

※ 열심히 연습하고 □안에 동그라미표 하세요.

1. 들으며 읽기	2. 따라 읽기	3. 짝과 함께 읽기		4. 스스로 연습하기
		학생 역할	선생님 역할	

확인하기

1. 종이접기는 언제 하나요? (   )

   ① 금요일 아침 활동
   ② 화요일 동아리 활동

2. 글의 내용과 알맞은 것은 무엇인가요? (   )

   ① 나는 처음부터 종이접기를 잘했다.
   ② 나는 종이접기로 개구리를 접을 수 있다.

쓰기

 　마 법　　　　

 　색 종 이　

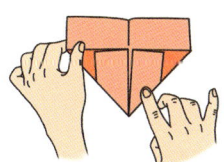 　접 는 다　　

도전하기

출발	걸린 시간	___분 ___초	도달	걸린 시간	___분 ___초
	틀린 어절 수	_____어절		틀린 어절 수	_____어절

06 일차
40어절

소리 내어 읽기

너무 빠르지 않게, 말하듯이 부드럽고 정확하게 읽어요.

사랑하는 마음

'사랑'은 무엇일까요?
사랑은 할머니가 나를 '우리 강아지'라고 예뻐해 주시는 마음이에요.
사랑은 회사를 다녀오신 아빠가 나를 꼭 안아 주시는 마음이에요.
사랑은 엄마가 아빠에게 맛있는 닭다리를 먼저 건네시는 마음이에요.
사랑은 언니가 좋아하는 과자를 아꼈다가 동생에게 주는 마음이에요.
여러분의 사랑은 무엇인가요?

※ 열심히 연습하고 □안에 동그라미표 하세요.

1. 들으며 읽기	2. 따라 읽기	3. 짝과 함께 읽기		4. 스스로 연습하기
		학생 역할	선생님 역할	

확인하기

1. 이 글에서 할머니는 나를 어떻게 부르나요? (　　)
   ① 우리 강아지
   ② 예쁜 내 새끼

2. 이 글에서 엄마의 사랑은 무엇인가요? (　　)
   ① 아빠에게 닭다리를 먼저 주는 마음
   ② 나에게 과자를 양보하는 마음

쓰기

 동생

 회사

 닭다리

도전하기

출발	걸린 시간	___분 ___초	도달	걸린 시간	___분 ___초
	틀린 어절 수	_____어절		틀린 어절 수	_____어절

07 일차
52어절

월   일

소리 내어 읽기

너무 빠르지 않게, 말하듯이 부드럽고 정확하게 읽어요.

주말농장

내일은 온 가족이 주말농장에 갑니다. 그래서 오늘은 부모님과 농장에 심을 씨앗과 모종을 사러 꽃집에 갔습니다. 예쁜 꽃씨도 있고, 키워서 먹을 수 있는 상추씨도 있었습니다. 나와 동생은 어떤 모종을 살지 고민했습니다. 나는 참외 모종을 고르고, 동생은 옥수수 모종을 골랐습니다. 이제 여름이 되면 참외와 옥수수가 열린다고 합니다. 쑥쑥 크는 모습을 빨리 보고 싶습니다.

※ 열심히 연습하고 □안에 동그라미표 하세요.

1. 들으며 읽기	2. 따라 읽기	3. 짝과 함께 읽기		4. 스스로 연습하기
		학생 역할	선생님 역할	

확인하기

1. 씨앗과 모종을 사러 어디로 갔나요? (　　)
   ① 꽃집
   ② 마트

2. 나는 어떤 모종을 샀나요? (　　)
   ① 참외
   ② 상추

쓰기

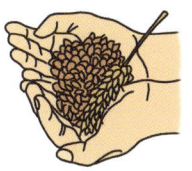  씨 앗

  농 장

  옥 수 수

도전하기

출발	걸린 시간	___ 분 ___ 초	도달	걸린 시간	___ 분 ___ 초
	틀린 어절 수	_____ 어절		틀린 어절 수	_____ 어절

08 일차
56어절

소리 내어 읽기

너무 빠르지 않게, 말하듯이 부드럽고 정확하게 읽어요.

비빔밥

오늘은 누나와 내가 부모님을 위해 요리를 하는 날이다. 집에서 키운 상추로 비빔밥을 만들기로 했다. 먼저 손을 깨끗이 씻고 재료를 준비했다. 그리고 큰 그릇에 밥을 듬뿍 넣었다. 다음으로 나는 상추와 참치를 가지런히 올렸다. 누나는 계란 프라이를 만들었다. 마지막으로 고추장을 올리고 참기름을 뿌려 완성했다. 가족이 모두 모여 쓱싹쓱싹 먹음직스럽게 비볐다. 큰 그릇에 비벼 나눠 먹으니 정말 꿀맛이었다.

※ 열심히 연습하고 □안에 동그라미표 하세요.

1. 들으며 읽기	2. 따라 읽기	3. 짝과 함께 읽기		4. 스스로 연습하기
		학생 역할	선생님 역할	

확인하기

1. 무엇으로 비빔밥을 만들었나요? (   )

   ① 집에서 키운 상추
   ② 집에서 키운 배추

2. 이글에서 나는 비빔밥을 만들 때 무엇을 했나요? (   )

   ① 상추와 참치 올리기
   ② 계란 프라이 만들기

쓰기

  씻다

 넣다

 비빔밥

도전하기

출발	걸린 시간	___분 ___초	도달	걸린 시간	___분 ___초
	틀린 어절 수	_____어절		틀린 어절 수	_____어절

09 일차
55어절

소리 내어 읽기

너무 빠르지 않게, 말하듯이 부드럽고 정확하게 읽어요.

수달

물 위에 배를 보이며 수영하는 수달을 본 적 있나요? 수달은 강가에서 사는 동물입니다. 네 발에 물갈퀴가 있어서 수영을 참 잘합니다. 수영할 때 수달의 긴 꼬리는 방향을 바꾸는 데 쓰입니다. 수달은 빠르게 헤엄쳐서, 물고기나 개구리를 잡아먹습니다.

수달은 깨끗한 강에서 삽니다. 그런데 요즘에는 강이 오염되어 수달이 점점 사라지고 있습니다. 그래서 우리나라에서는 수달을 천연기념물로 지정하여 보호하고 있습니다.

※ 열심히 연습하고 □안에 동그라미표 하세요.

1. 들으며 읽기	2. 따라 읽기	3. 짝과 함께 읽기		4. 스스로 연습하기
		학생 역할	선생님 역할	

확인하기

1. 수달은 어디서 사나요? (　　)
   ① 강가
   ② 바닷가

2. 수달의 꼬리는 어떤가요? (　　)
   ① 꼬리가 짧다.
   ② 꼬리가 길다.

쓰기

 수달

 헤엄

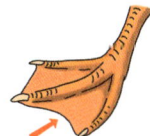 물갈퀴

도전하기

출발	걸린 시간	___분 ___초	도달	걸린 시간	___분 ___초
	틀린 어절 수	_____어절		틀린 어절 수	_____어절

거미

　거미는 생김새가 무서워 보이지만 알고 보면 이로운 동물입니다. 모기나 파리같이 해로운 곤충을 잡아먹기 때문입니다. 그럼 거미는 어떻게 곤충을 잡을까요?

　먼저, 엉덩이에서 투명한 실을 뽑아 거미줄을 칩니다. 그물 모양의 거미줄은 끈끈해서 곤충이 가까이 왔다가 붙어 버립니다. 거미는 이렇게 거미줄에 붙은 곤충을 잡습니다. 하지만 신기하게도 거미는 거미줄에 붙지 않습니다. 왜냐하면 거미 다리에 뻣뻣한 털이 거미줄에 붙지 않게 해 주기 때문입니다.

너무 빠르지 않게, 말하듯이 부드럽고 정확하게 읽어요.

소리 내어 읽기

※ 열심히 연습하고 □안에 동그라미표 하세요.

1. 들으며 읽기	2. 따라 읽기	3. 짝과 함께 읽기		4. 스스로 연습하기
		학생 역할	선생님 역할	

확인하기

1. 거미줄은 거미의 어느 부위에서 나오나요? (   )

   ① 거미의 입
   ② 거미의 엉덩이

2. 거미는 왜 거미줄에 붙지 않나요? (   )

   ① 다리에 뻣뻣한 털이 있어서
   ② 매끄러운 다리가 있어서

쓰기

 곤충

 싫다

 거미줄

도전하기

출발	걸린 시간	___분 ___초	도달	걸린 시간	___분 ___초
	틀린 어절 수	_____어절		틀린 어절 수	_____어절

형성평가

100어절

월   일

소리 내어 읽기

너무 빠르지 않게, 말하듯이 부드럽고 정확하게 읽어요.

허준과 동의보감

허준은 조선 시대 최고의 의사입니다. 의술도 뛰어날 뿐 아니라 백성들을 생각하는 마음도 깊었기 때문입니다. 허준은 백성들을 위해서 동의보감이라는 책을 썼습니다. 동의보감에는 비싼 약 대신에 산과 들에서 손쉽게 구할 수 있는 재료로 약을 만드는 방법이 적혀 있습니다. 또 동의보감에는 어려운 한자를 모르는 백성들이 읽을 수 있도록 쉬운 한글도 함께 적혀 있습니다. 이렇게 백성을 배려하는 마음으로 동의보감을 썼기 때문에 가난한 백성들도 아플 때 약을 지을 수 있었습니다.

요즘에도 한의원에서 동의보감의 내용으로 사람들을 치료하고 있습니다. 동의보감은 이렇게 오랫동안 전해질 만큼 훌륭한 책입니다. 사람들을 위하는 허준의 따뜻한 마음이 동의보감을 통해 전해지고 있습니다. 우리도 허준같이 다른 사람들에게 도움을 줄 수 있는 사람이 됩시다.

도전하기

도전 날짜	걸린 시간	____ 분 ____ 초
____ 월 ____ 일	틀린 어절 수	____ 어절

1분당 정확하게 읽은 어절 수(WCPM) 구하는 방법	$\dfrac{\text{정확하게 읽은 어절 수}}{\text{걸린 시간(초)}}$ X 60 = ____

형성평가

100어절

월   일

소리 내어 읽기

너무 빠르지 않게, 말하듯이 부드럽고 정확하게 읽어요.

몸에서 땀이 나요!

여러분은 땀이 나는 이유를 알고 있나요? 땀은 체온을 조절해 줍니다. 더운 여름에는 뜨거워진 몸 안에서 땀이 나와 열을 식혀 줍니다. 달리기를 할 때도 몸 안에서 열이 나기 때문에 땀이 납니다. 매운 음식을 먹거나, 화가 났을 때도 땀이 나와 몸을 식혀 줍니다. 만약 땀이 나지 않는다면 열이 밖으로 나가지 못해 계속 몸이 뜨거워질 것입니다.

땀은 몸 안의 찌꺼기도 내보냅니다. 땀이 대부분 물로 되어 있기 때문에 찌꺼기와 섞여서 몸 밖으로 나가는 것입니다. 그래서 땀을 흘리며 운동하는 것은 건강에도 좋습니다. 하지만 땀을 이유 없이 많이 흘리는 것은 몸이 안 좋다는 신호입니다. 감기에 걸리거나 심장이 안 좋을 때도 땀이 나기 때문입니다.

도전하기

도전 날짜	걸린 시간	___ 분 ___ 초
___ 월 ___ 일	틀린 어절 수	___ 어절

1분당 정확하게 읽은 어절 수(WCPM) 구하는 방법	$\dfrac{\text{정확하게 읽은 어절 수}}{\text{걸린 시간(초)}} \times 60 = $ _____

2
함께 이야기해요

항아리
우리를 지켜 주는 옷
눈이 왜 안 오지?
오카리나
두부
미술시간
대나무의 비밀
김치의 변신
두꺼비집
나의 꿈

11 일차

65어절

소리 내어 읽기

너무 빠르지 않게, 말하듯이 부드럽고 정확하게 읽어요.

항아리

집에서는 음식을 어떻게 보관하나요? 플라스틱이나 유리로 된 그릇에 넣어 보관해요. 그리고 냉장고에 넣으면 오랫동안 먹을 수도 있어요.

옛날에는 '항아리'라는 그릇에 음식을 보관했어요. 항아리는 흙으로 빚어 구워 만든 그릇이에요. 흙으로 만든 항아리에는 눈에 보이지 않는 작은 숨구멍들이 있어요. 이 숨구멍으로 항아리가 숨을 쉬어서 음식을 오랫동안 보관할 수 있어요. 항아리에 담은 고추장이나 김치 같은 음식은 몇 년이고 보관할 수 있어요. 혹시 여러분 집에도 항아리가 있는지 찾아보세요.

※ 열심히 연습하고 □안에 동그라미표 하세요.

1. 들으며 읽기	2. 따라 읽기	3. 짝과 함께 읽기		4. 스스로 연습하기
		학생 역할	선생님 역할	

확인하기

1. 항아리는 어떻게 만드나요? (   )

   ① 흙으로 빚어 구워서 만든다.
   ② 철을 두드려서 만든다.

2. 항아리가 숨을 쉴 수 있는 이유는 무엇인가요? (   )

   ① 흙으로 만들어 작은 숨구멍이 있어서
   ② 뚜껑을 자주 열어서 공기가 통하게 해 줘서

쓰기

 흙

 그릇

 빚다

도전하기

출발	걸린 시간	___분 ___초	도달	걸린 시간	___분 ___초
	틀린 어절 수	_____ 어절		틀린 어절 수	_____ 어절

12 일차

53어절

소리 내어 읽기

너무 빠르지 않게, 말하듯이 부드럽고 정확하게 읽어요.

우리를 지켜 주는 옷

우리는 왜 옷을 입을까요? 옷은 우리를 보호해 주기 때문입니다. 옷은 뜨거운 햇살이나 매서운 바람을 막아 줍니다. 그리고 더럽거나 날카로운 것들로부터 피부를 보호해 줍니다.

더 특별하게 몸을 보호하는 옷도 있습니다. 소방관복은 뜨거운 불 속에서도 잘 타지 않습니다. 잠수복은 깊고 추운 바다에서 체온을 유지시켜 줍니다.

이렇게 옷은 우리를 안전하게 지켜 줍니다.

※ 열심히 연습하고 □안에 동그라미표 하세요.

1. 들으며 읽기	2. 따라 읽기	3. 짝과 함께 읽기		4. 스스로 연습하기
		학생 역할	선생님 역할	

확인하기

1. 우리는 왜 옷을 입을까요? (　　)

　① 우리 몸을 보호하기 위해서
　② 더 아름답게 보이기 위해서

2. 소방관이 소방관복을 입는 이유는 무엇인가요? (　　)

　① 뜨거운 불 속에서 잘 타지 않아서
　② 몸을 춥지 않게 보호하려고

쓰기

 옷

 햇살

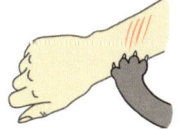 긁히다

도전하기

출발	걸린 시간	___분 ___초	도달	걸린 시간	___분 ___초
	틀린 어절 수	_____어절		틀린 어절 수	_____어절

13 일차
60어절

월   일

소리 내어 읽기

너무 빠르지 않게, 말하듯이 부드럽고 정확하게 읽어요.

눈이 왜 안 오지?

눈이 오면 하고 싶은 일이 많아요.

눈이 오면 눈을 맞으며 달리고 싶어요.

눈이 쌓이면 아무도 밟지 않은 곳에 발자국을 찍고 싶어요.

눈이 더 쌓이면 눈밭 위에 두 팔 벌리고 편하게 눕고 싶어요.

눈이 더 많이 쌓이면 눈을 뭉쳐 친구들과 눈싸움을 하고 싶어요.

눈이 아주 많이 오면 큰 눈덩이를 굴려서 눈사람을 만들고 싶어요.

눈이 빨리 왔으면 좋겠어요.

※ 열심히 연습하고 □안에 동그라미표 하세요.

1. 들으며 읽기	2. 따라 읽기	3. 짝과 함께 읽기		4. 스스로 연습하기
		학생 역할	선생님 역할	

확인하기

1. 눈이 오면 하고 싶은 것은 무엇인가요? (   )

   ① 발자국을 찍고 싶다.
   ② 수영을 하고 싶다.

2. 눈덩이를 굴려서 무엇을 만들고 싶다고 했나요? (   )

   ① 눈사람
   ② 눈 뭉치

쓰기

 밟다

 쌓이다

 발자국

도전하기

출발	걸린 시간	___분 ___초	도달	걸린 시간	___분 ___초
	틀린 어절 수	_____ 어절		틀린 어절 수	_____ 어절

14 일차
64어절

소리 내어 읽기

너무 빠르지 않게, 말하듯이 부드럽고 정확하게 읽어요.

오카리나

오카리나는 이탈리아 사람인 도나티가 발명한 악기입니다. 오카리나는 '작은 거위'라는 뜻입니다. 왜냐하면 날개를 접고 서 있는 거위 모양을 하고 있기 때문입니다. 오카리나는 리코더처럼 입으로 불어서 소리를 내는 악기입니다. 8개에서 10개의 구멍이 있습니다. 구멍을 많이 막으면 낮은 소리가 납니다. 반대로 구멍을 적게 막으면 높은 소리가 납니다. 오카리나는 나무, 플라스틱 또는 흙을 구워서 만듭니다. 오카리나는 맑고 청아한 소리가 납니다. 그래서 듣는 사람의 마음을 편안하게 해 줍니다.

※ 열심히 연습하고 □안에 동그라미표 하세요.

1. 들으며 읽기	2. 따라 읽기	3. 짝과 함께 읽기		4. 스스로 연습하기
		학생 역할	선생님 역할	

확인하기

1. 오카리나의 뜻은 무엇인가요? (   )

   ① 작은 거위
   ② 작은 강아지

2. 오카리나는 어떤 소리가 나나요? (   )

   ① 맑고 청아한 소리
   ② 신나고 경쾌한 소리

쓰기

도전하기

출발	걸린 시간	___분 ___초	도달	걸린 시간	___분 ___초
	틀린 어절 수	_____ 어절		틀린 어절 수	_____ 어절

소리 내어 읽기

너무 빠르지 않게, 말하듯이 부드럽고 정확하게 읽어요.

두부

여러분, 두부를 좋아하세요? 두부는 콩을 갈아서 굳힌 음식입니다. 두부의 별명은 '밭에서 나는 소고기'입니다. 왜냐하면 소고기처럼 단백질이 많기 때문입니다. 영양가 많은 두부는 한국뿐 아니라 일본이나 중국에서도 즐겨 먹습니다. 두부는 단단한 모두부도 있고, 부드러운 연두부도 있습니다. 부침을 할 때는 단단한 모두부를 씁니다. 샐러드를 할 때는 부드러운 연두부를 씁니다. 두부는 양념이나 요리 방법에 따라 맛이 달라집니다. 여러분도 영양가 있고 맛 좋은 두부를 많이 먹어 보세요.

※ 열심히 연습하고 □안에 동그라미표 하세요.

1. 들으며 읽기	2. 따라 읽기	3. 짝과 함께 읽기		4. 스스로 연습하기
		학생 역할	선생님 역할	

확인하기

1. 두부의 별명은 무엇인가요? (   )

   ① 밭에서 나는 소고기
   ② 밭에서 나는 닭고기

2. 샐러드를 할 때는 주로 어떤 두부를 사용하나요? (   )

   ① 모두부
   ② 연두부

쓰기

 밭

 양 념

 하 얀 다

도전하기

출발	걸린 시간	___ 분 ___ 초	도달	걸린 시간	___ 분 ___ 초
	틀린 어절 수	_____ 어절		틀린 어절 수	_____ 어절

16 일차
63어절

소리 내어 읽기

너무 빠르지 않게, 말하듯이 부드럽고 정확하게 읽어요.

미술 시간

나와 내 짝 채은이는 미술 시간을 가장 좋아한다. 이번 미술 시간에는 무엇을 할지 기대되었다. 선생님께서 짝의 얼굴을 그려 보자고 하셨다. 나는 채은이의 얼굴을 자세히 살펴보았다. 채은이는 머리를 묶고, 동그란 안경을 썼다. 그리고 웃는 얼굴을 하고 있었다. 그림을 그리면서 얼굴도 보고 서로 이야기도 하니 더 친해진 것 같았다. 완성한 그림을 보고, 우리는 웃음이 터져 나왔다. 이번 미술시간은 나와 채은이가 더 가까워지는 시간이었다.

※ 열심히 연습하고 □안에 동그라미표 하세요.

1. 들으며 읽기	2. 따라 읽기	3. 짝과 함께 읽기		4. 스스로 연습하기
		학생 역할	선생님 역할	

확인하기

1. 나와 내 짝이 가장 좋아하는 시간은 무엇인가요? (　　)

　① 미술 시간
　② 음악 시간

2. 채은이는 어떻게 생겼나요? (　　)

　① 안경을 썼다.
　② 머리를 풀고 있다.

쓰기

 묶다

 웃음

 동그랗다

도전하기

출발	걸린 시간	___분 ___초	도달	걸린 시간	___분 ___초
	틀린 어절 수	_____어절		틀린 어절 수	_____어절

소리 내어 읽기

너무 빠르지 않게, 말하듯이 부드럽고 정확하게 읽어요.

대나무의 비밀

키가 큰 대나무를 본 적 있나요? 길게 쭉쭉 뻗은 마디가 참 멋져 보입니다. 그런데 알고 보면 대나무는 나무가 아니고 풀이랍니다. 왜 대나무는 나무가 아니고 풀일까요?

나무는 일 년마다 줄기 속에 나이테가 하나씩 생깁니다. 그래서 나무는 몇 년에서 몇 십 년씩 자라며 동그란 나이테를 여러 개 만듭니다. 하지만 풀은 나이테가 없습니다. 대나무는 나무처럼 크지만 줄기 속이 비어 있어 나이테가 없습니다. 그래서 나무가 아닙니다. 대나무는 세상에서 가장 빠르게 자라는 풀입니다.

※ 열심히 연습하고 □안에 동그라미표 하세요.

1. 들으며 읽기	2. 따라 읽기	3. 짝과 함께 읽기		4. 스스로 연습하기
		학생 역할	선생님 역할	

확인하기

1. 대나무는 나무일까요, 풀일까요? (   )

    ① 풀
    ② 나무

2. 대나무는 왜 풀일까요? (   )

    ① 나이테가 없어서
    ② 키가 매우 커서

쓰기

| 뻗 | 다 |

| | |

| | |

| 나 | 이 | 테 |

| | | |

| | | |

7 + 8 = ?

| 헷 | 갈 | 리 | 다 |

| | | | |

도전하기

출발	걸린 시간	___ 분 ___ 초
	틀린 어절 수	_____ 어절

도달	걸린 시간	___ 분 ___ 초
	틀린 어절 수	_____ 어절

18 일차
68어절

월   일

소리 내어 읽기

너무 빠르지 않게, 말하듯이 부드럽고 정확하게 읽어요.

김치의 변신

우리 집 식탁에 늘 올라오는 반찬이 뭔지 아세요? 바로 김치예요. 엄마는 밥 먹을 때 나에게 늘 이렇게 말씀하세요.

"김치도 먹으렴."

그런데 나는 그냥 김치를 먹는 건 싫어요. 내가 좋아하는 김치는 변신 김치 삼총사예요. 변신 김치 삼총사가 뭔지 아세요? 김치볶음밥, 김치부침개, 김치만두예요. 이렇게 변신을 시켜주면 정말 잘 먹을 수 있어요. 하지만 엄마는 김치를 아주 가끔씩만 삼총사로 변신시켜줘요. 엄마는 그냥 김치가 좋은가 봐요.

"엄마, 오늘은 김치볶음밥 해 주세요."

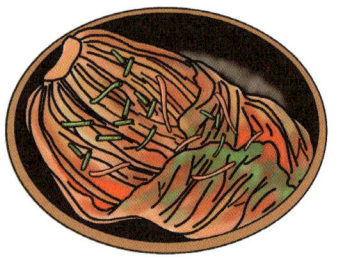

※ 열심히 연습하고 □안에 동그라미표 하세요.

1. 들으며 읽기	2. 따라 읽기	3. 짝과 함께 읽기		4. 스스로 연습하기
		학생 역할	선생님 역할	

확인하기

1. 언제나 식탁에 올라오는 반찬은 무엇인가요? (   )

    ① 김치
    ② 멸치

2. 글쓴이가 좋아하는 변신 김치 삼총사에는 어떤 것이 있나요? (   )

    ① 김치볶음밥, 김치부침개, 김치만두
    ② 김치찌개, 김치볶음밥, 고기만두

쓰기

 반 찬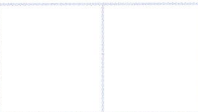

 만 두

 볶 음 밥

도전하기

출발	걸린 시간	___분 ___초	도달	걸린 시간	___분 ___초
	틀린 어절 수	____어절		틀린 어절 수	____어절

19 일차
66어절

소리 내어 읽기

너무 빠르지 않게, 말하듯이 부드럽고 정확하게 읽어요.

두꺼비집

쉬는 시간 종이 치자 우리는 운동장으로 달려갔다. 왜냐하면 모래밭에서 두꺼비집을 만들기로 했기 때문이다. 모래로 두꺼비집을 만들면서 노래를 불렀다.

"두껍아, 두껍아, 헌 집 줄게. 새집 다오."

우리는 누가 먼저 튼튼한 두꺼비집을 완성할지 시합을 했다. 나와 정원이가 동시에 완성했다. 그래서 누가 튼튼하게 만들었는지 확인하기로 했다. '하나 둘 셋' 하고 동시에 손을 뺐다. 정원이의 두꺼비집은 멀쩡하고, 내 집은 무너졌다. 다음 시간에 친구들과 한 번 더 시합을 해 봐야겠다.

※ 열심히 연습하고 □안에 동그라미표 하세요.

1. 들으며 읽기	2. 따라 읽기	3. 짝과 함께 읽기		4. 스스로 연습하기
		학생 역할	선생님 역할	

확인하기

1. 우리는 왜 운동장으로 달려 나갔나요? (　　)

    ① 두꺼비집을 만들려고
    ② 시소를 타려고

2. 누가 만든 두꺼비집이 무너졌나요? (　　)

    ① 정원이가 만든 두꺼비집
    ② 내가 만든 두꺼비집

쓰기

 덮다

 모래밭

 두꺼비집

도전하기

출발	걸린 시간	___분 ___초	도달	걸린 시간	___분 ___초
	틀린 어절 수	____어절		틀린 어절 수	____어절

20 일차
68어절

소리 내어 읽기

너무 빠르지 않게, 말하듯이 부드럽고 정확하게 읽어요.

나의 꿈

나는 소방관이 되고 싶어요. 불을 꺼서 사람들을 안전하게 보호하고 싶어요. 나는 요리사도 되고 싶어요. 부모님께 맛있는 음식을 만들어 드리고 싶어요. 나는 우주비행사도 되고 싶어요. 반짝이는 별에 꼭 올라가 보고 싶어요.

선생님께 여러 가지 나의 꿈을 말했어요. 선생님께서는 열심히 노력하면 무엇이든 될 수 있다고 하셨어요. 그런 선생님을 보니 선생님처럼 멋진 선생님도 되고 싶어졌어요. 나는 꿈이 참 많아요. 꿈이 있는 사람은 행복하다고 해요. 여러분은 어떤 꿈을 가지고 있나요?

※ 열심히 연습하고 □안에 동그라미표 하세요.

1. 들으며 읽기	2. 따라 읽기	3. 짝과 함께 읽기		4. 스스로 연습하기
		학생 역할	선생님 역할	

확인하기

1. 요리사가 되고 싶은 이유는 무엇인가요? (   )

   ① 유명한 요리사가 되고 싶어서
   ② 부모님께 맛있는 음식을 만들어 드리고 싶어서

2. 선생님께서 나의 꿈을 들으시고 뭐라고 하셨나요? (   )

   ① 노력하면 무엇이든 될 수 있다.
   ② 꿈은 하나만 정해야 한다.

쓰기

 | 반 | 짝 | | | | |

 | 소 | 방 | 관 | | | | | | |

 | 요 | 리 | 사 | | | | | | |

도전하기

출발	걸린 시간	___ 분 ___ 초	도달	걸린 시간	___ 분 ___ 초
	틀린 어절 수	_____ 어절		틀린 어절 수	_____ 어절

형성평가
100어절

월 일

소리 내어 읽기

너무 빠르지 않게, 말하듯이 부드럽고 정확하게 읽어요.

욕심 많은 개

옛날 옛적에 욕심 많은 개 한 마리가 살았어요. 어느 날, 개가 개울가에서 운이 좋게 고깃덩어리를 하나 주웠어요. 신이 난 개는 고깃덩어리를 물고 재빨리 다리를 건넜어요.

다리를 건너던 개는 물속에 있는 또 다른 개를 보았어요. 자기 것보다 훨씬 커 보이는 고깃덩어리를 물고 있었어요. 욕심 많은 개는 겁을 주어 그 고기를 빼앗아야겠다고 생각했어요. 고기를 두 덩어리나 먹을 수 있겠다는 생각에 신이 났어요.

욕심 많은 개는 물속의 개를 향해 아주 사납게 짖었어요. 그러자 '풍덩'하고 욕심 많은 개가 물고 있던 고깃덩어리가 물속으로 빠지고 말았어요. 아뿔싸! 물속의 개는 다른 개가 아니었어요. 물에 비친 자신이었어요. 개는 욕심 때문에 원래 있던 고기마저 잃어버리고 말았어요.

도전하기

도전 날짜	걸린 시간	___분 ___초
___월 ___일	틀린 어절 수	___어절

1분당 정확하게 읽은 어절 수(WCPM) 구하는 방법	$\dfrac{\text{정확하게 읽은 어절 수}}{\text{걸린 시간(초)}} \times 60 = $ ___

형성평가

100어절

월   일

소리 내어 읽기

너무 빠르지 않게, 말하듯이 부드럽고 정확하게 읽어요.

우리 몸을 지켜 주는 딱지

　넘어져서 상처가 난 적이 있나요? 상처가 생기면 피가 나고 쓰라려요. 하지만 조금 있으면 신기하게도 피가 멈춰요. 피가 멈춘 뒤에 피가 굳어서 딱딱해진 것을 딱지라고 해요. 딱지는 왜 생기는 걸까요?

　상처가 생기면 피가 지나다니는 혈관이 찢어지면서 피가 나요. 그 틈으로 세균이 우리 몸 안으로 들어가기 쉬워요. 그래서 상처 주변으로 피를 멈추도록 재빨리 딱지가 만들어져요. 딱지는 세균이 함부로 들어오지 못하게 막아 줘요.

　딱지 밑에서 다친 피부가 나으면서 새살이 차올라요. 이때 상처가 매우 간지럽다고 느낄 수 있어요. 딱지를 억지로 뜯으면 다시 세균이 들어가고 상처가 오랫동안 아물지 않아요. 여러분, 딱지를 뜯지 말고 기다려 주세요. 곧 딱지가 저절로 떨어질 거예요.

도전하기

도전 날짜	걸린 시간	분 초
월 일	틀린 어절 수	어절

1분당 정확하게 읽은 어절 수(WCPM) 구하는 방법	$\dfrac{\text{정확하게 읽은 어절 수}}{\text{걸린 시간(초)}} \times 60 = $ _____

상쾌이

전학생 하늘이

잠을 좋아하는 코알라

털이 하는 일

도서관

반달곰

할머니의 크리스마스 선물

여러 가지 차

귀뚜라미

안경

21 일차
70어절

소리 내어 읽기

너무 빠르지 않게, 말하듯이 부드럽고 정확하게 읽어요.

상괭이

상괭이는 우리나라의 토종 돌고래입니다. 옛날에는 '쇠물돼지' 또는 '곱시기'라고도 불렀습니다. 상괭이는 우리나라 서해와 남해에 사는 작고 귀여운 고래입니다. 상괭이는 작고 조용히 헤엄쳐서 잘 발견되지 않습니다. 그래서 사람들은 상괭이를 잘 알지 못했습니다. 하지만 바다에서 자유롭게 헤엄치는 상괭이의 모습은 세상에서 가장 귀엽다고 합니다.

10년 전만 해도 상괭이는 우리 바다에 많이 살았습니다. 그런데 상괭이가 빠르게 사라져서 전 세계가 함께 보호하기로 했습니다. 귀여운 상괭이는 왜 사라지고 있을까요? 상괭이를 어떻게 하면 잘 보호할 수 있을까요?

※ 열심히 연습하고 □안에 동그라미표 하세요.

1. 들으며 읽기	2. 따라 읽기	3. 짝과 함께 읽기		4. 스스로 연습하기
		학생 역할	선생님 역할	

확인하기

1. 상괭이에 대한 설명으로 알맞은 것은 무엇인가요? (   )

    ① 토종 상어
    ② 토종 돌고래

2. 상괭이의 어떤 모습이 귀엽게 생겼나요? (   )

    ① 자유롭게 헤엄치는 모습
    ② 먹이를 잡아먹는 모습

쓰기

 서해

 상괭이

 귀엽다

도전하기

출발	걸린 시간	___분 ___초	도달	걸린 시간	___분 ___초
	틀린 어절 수	_____ 어절		틀린 어절 수	_____ 어절

22 일차
71어절

소리 내어 읽기

너무 빠르지 않게, 말하듯이 부드럽고 정확하게 읽어요.

전학생 하늘이

우리 반에 새로운 친구가 전학을 왔다. 이름도 예쁜 하늘이다. 하늘이는 멀리 다른 도시에서 이사를 왔다. 하늘이가 친구들 앞에서 씩씩하게 인사하는 모습이 참 멋졌다.

선생님께서는 새로운 친구가 온 기념으로 재미있는 교실 놀이를 하게 해 주셨다. 놀이가 끝날 무렵 하늘이가 나에게 다가왔다.

"아린아, 나랑 친구 할래?"

하늘이는 벌써 내 이름을 알고 있었다. 교실 놀이를 하면서 이름을 쉽게 외울 수 있었다고 했다. 나는 기쁜 마음으로 대답했다.

"물론이지!"

새 친구가 생겨서 참 기쁘다.

※ 열심히 연습하고 □안에 동그라미표 하세요.

1. 들으며 읽기	2. 따라 읽기	3. 짝과 함께 읽기		4. 스스로 연습하기
		학생 역할	선생님 역할	

확인하기

1. 새로운 친구의 이름은 무엇인가요? (   )

   ① 하늘이
   ② 아린이

2. 새로운 친구는 내 이름을 어떻게 알고 있었나요? (   )

   ① 동생 이름이랑 똑같아서 쉽게 외웠다.
   ② 교실 놀이를 하면서 이름을 쉽게 외웠다.

쓰기

 예쁘다

 외우다

 멋지다

도전하기

출발	걸린 시간	___ 분 ___ 초	도달	걸린 시간	___ 분 ___ 초
	틀린 어절 수	_____ 어절		틀린 어절 수	_____ 어절

23 일차
73어절

월   일

소리 내어 읽기

너무 빠르지 않게, 말하듯이 부드럽고 정확하게 읽어요.

잠을 좋아하는 코알라

코알라는 캥거루와 함께 호주를 대표하는 야생동물입니다. 코알라는 캥거루와 같이 새끼를 조그맣게 낳고 어미 주머니 속에서 키웁니다. 코알라가 캥거루처럼 어미의 주머니 속에서 자란다니 참 신기하지요?

나무에서 생활하는 코알라는 잠을 아주 많이 자는 것으로도 유명합니다. 거의 하루에 20시간 정도를 잠만 잔다고 합니다. 왜 코알라는 잠을 많이 잘까요? 왜냐하면 코알라가 주로 먹는 유칼립투스 나뭇잎 때문입니다. 이 나뭇잎은 영양소가 부족해서 코알라는 힘을 아끼기 위해 잠을 잡니다. 동작이 느리고 귀엽게 생긴 코알라는 사람들에게 인기가 많습니다.

※ 열심히 연습하고 □안에 동그라미표 하세요.

1. 들으며 읽기	2. 따라 읽기	3. 짝과 함께 읽기		4. 스스로 연습하기
		학생 역할	선생님 역할	

확인하기

1. 코알라는 왜 잠을 많이 자나요? (   )

    ① 영양소가 부족해서
    ② 놀기 좋아하고 게을러서

2. 코알라는 주로 어떤 나뭇잎을 먹나요? (   )

    ① 버드나무
    ② 유칼립투스

쓰기

   캥 거 루

   코 알 라

   주 머 니

도전하기

출발	걸린 시간	___ 분 ___ 초	도달	걸린 시간	___ 분 ___ 초
	틀린 어절 수	___ 어절		틀린 어절 수	___ 어절

24 일차
81어절

소리 내어 읽기

너무 빠르지 않게, 말하듯이 부드럽고 정확하게 읽어요.

털이 하는 일

우리 아빠는 털이 정말 많아요. 뽀뽀해 주실 때마다 뾰족뾰족한 턱수염이 따가워요. 우리 몸에는 왜 털이 나는 것일까요?

털은 우리 몸 곳곳에서 여린 피부를 지켜 줘요. 머리를 보호하기 위해 머리카락이 있어요. 어딘가에 머리를 부딪혀도 상처가 나지 않게 지켜 줘요. 땀이나 먼지가 몸 안으로 들어가지 않게 하는 역할도 해요. 눈썹은 눈에 땀이 바로 들어가지 않게 해 줘요. 코털은 코에 먼지가 들어가지 않게 해 줘요. 털은 우리 몸을 따뜻하게 하는 역할도 해요. 몸의 열이 피부 밖으로 바로 빠져나가는 것을 막아 줘요.

※ 열심히 연습하고 □안에 동그라미표 하세요.

1. 들으며 읽기	2. 따라 읽기	3. 짝과 함께 읽기		4. 스스로 연습하기
		학생 역할	선생님 역할	

확인하기

1. 머리를 부딪혀도 상처 나지 않게 지켜 주는 털은 무엇인가요? (   )

   ① 머리카락
   ② 턱수염

2. 털이 하는 일로 바른 것은 무엇인가요? (   )

   ① 우리 몸을 시원하게 하는 역할을 해요.
   ② 땀이나 먼지가 몸 안으로 들어가지 않게 해요.

쓰기

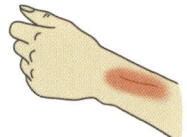      

도전하기

출발	걸린 시간	___ 분 ___ 초	도달	걸린 시간	___ 분 ___ 초
	틀린 어절 수	_____ 어절		틀린 어절 수	_____ 어절

25 일차
79어절

너무 빠르지 않게, 말하듯이 부드럽고 정확하게 읽어요.

소리 내어 읽기

도서관

　내가 우리 학교에서 제일 좋아하는 장소는 도서관이다. 셀 수 없이 많은 책이 나를 기다린다. 푹신한 소파에서 책을 읽다 보면 시간이 금방 지나간다.

　책을 읽으면 여행을 하는 기분이 든다. 전래 동화를 읽을 때면 타임머신을 타고 옛날로 돌아간 것 같다. 마법사 책을 읽으면 당장이라도 하늘을 날 것 같다.

　책을 읽으면 똑똑한 박사님이 된다. 다양한 동물과 식물도 많이 알게 된다. 좋은 친구를 사귀는 법도 알 수 있다.

　내 목표는 졸업하기 전까지 도서관의 책을 다 읽는 것이다. 그래서 나는 오늘도 도서관에 간다.

※ 열심히 연습하고 □안에 동그라미표 하세요.

1. 들으며 읽기	2. 따라 읽기	3. 짝과 함께 읽기		4. 스스로 연습하기
		학생 역할	선생님 역할	

확인하기

1. 이 글에서 내가 가장 좋아하는 장소는 어디인가요? (   )
   ① 도서관
   ② 보건실

2. 이 글에서 나의 목표는 무엇인가요? (   )
   ① 좋은 친구를 사귀는 것
   ② 도서관의 책을 다 읽는 것

쓰기

 여 행

 소 파

 노 서 관

도전하기

출발	걸린 시간	___분 ___초	도달	걸린 시간	___분 ___초
	틀린 어절 수	_____어절		틀린 어절 수	_____어절

26 일차
71어절

소리 내어 읽기

너무 빠르지 않게, 말하듯이 부드럽고 정확하게 읽어요.

반달곰

반달곰은 호랑이와 함께 우리나라를 대표하는 동물입니다. 반달곰의 정식 이름은 반달가슴곰입니다. 전부 검은 털인데 가슴에만 반달 모양의 흰 털이 나 있기 때문입니다. 예전에는 반달가슴곰이 우리나라 곳곳에서 많이 살았습니다. 옛날이야기에도 자주 나오는 동물이었습니다. 하지만 밀렵꾼과 부족한 서식지 때문에 반달가슴곰은 점점 사라졌습니다. 그래서 우리나라에서는 반달가슴곰을 살리기 위해 많은 노력을 했습니다. 한때 6마리 정도였던 반달가슴곰이 이제 60마리가 넘게 되었습니다. 그렇지만 반달가슴곰이 살 수 있는 곳은 여전히 부족합니다. 어떻게 하면 반달가슴곰이 예전처럼 많아질 수 있을까요?

밀렵꾼: 몰래 사냥하는 사람
서식지: 동물이 자리 잡고 사는 곳

※ 열심히 연습하고 □안에 동그라미표 하세요.

1. 들으며 읽기	2. 따라 읽기	3. 짝과 함께 읽기		4. 스스로 연습하기
		학생 역할	선생님 역할	

확인하기

1. 왜 반달가슴곰이라고 부르게 되었나요? (   )

   ① 꼬리가 반달 모양과 비슷하다.
   ② 가슴에 반달 모양의 흰 털이 있다.

2. 반달가슴곰이 사라진 이유는 무엇인가요? (   )

   ① 밀렵꾼과 부족한 서식지 때문에
   ② 다른 곳으로 이동했기 때문에

쓰기

 털

 호랑이

 반달곰

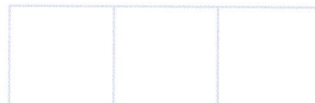

도전하기

출발	걸린 시간	___ 분 ___ 초	도달	걸린 시간	___ 분 ___ 초
	틀린 어절 수	___ 어절		틀린 어절 수	___ 어절

27 일차
87어절

소리 내어 읽기

너무 빠르지 않게, 말하듯이 부드럽고 정확하게 읽어요.

할머니의 크리스마스 선물

　내가 제일 좋아하는 옷은 할머니께서 만들어 주신 스웨터예요. 포근한 빨간색 털실로 직접 떠 주셨어요. 내가 유치원생이었을 때 크리스마스 선물로 주신 거예요. 나는 스웨터를 따뜻하게 잘 입고 다녔어요. 초등학생이 되고 다시 겨울이 되었어요. 나는 빨간 스웨터를 꺼내 입었어요. 이럴 수가! 스웨터가 너무 작았어요. 팔은 짧아지고 몸에 꽉 끼어서 입을 수가 없었어요. 너무 속상했어요.

　이번 크리스마스에도 할머니께서 직접 만드신 선물을 받았어요. 빨간 목도리였어요. 와, 목도리가 정말 예뻤어요. 알고 보니, 할머니께서 그 작아진 스웨터를 다시 실로 풀어서 목도리를 떠 주신 거였어요. 정말 마술처럼 멋진 선물이에요.

　"할머니, 감사합니다."

※ 열심히 연습하고 □안에 동그라미표 하세요.

1. 들으며 읽기	2. 따라 읽기	3. 짝과 함께 읽기		4. 스스로 연습하기
		학생 역할	선생님 역할	

확인하기

1. 왜 할머니가 선물한 빨간 스웨터를 못 입게 되었나요? (   )

    ① 너무 작아져서
    ② 잃어버려서

2. 할머니는 빨간 목도리를 어떻게 만드셨나요? (   )

    ① 스웨터를 실로 풀어서 다시 만드셨다.
    ② 실을 다시 사서 만드셨다.

쓰기

 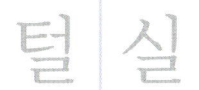 털 실

 선 물

 목 도 리

도전하기

출발	걸린 시간	___분 ___초	도달	걸린 시간	___분 ___초
	틀린 어절 수	_____어절		틀린 어절 수	_____어절

28 일차
89어절

소리 내어 읽기

너무 빠르지 않게, 말하듯이 부드럽고 정확하게 읽어요.

여러 가지 차

여러분은 평소에 어떤 물을 마시나요? 정수기의 물을 받아 먹거나 생수를 사서 마시나요? 그런데 우리가 마실 수 있는 물 중에는 재료를 넣고 끓여서 식힌 물도 있습니다. 물을 끓일 때 넣는 재료에 따라 매우 다양한 물이 됩니다. 우리는 이 물을 '차'라고 부릅니다.

물처럼 마실 수 있는 차는 건강에도 좋습니다. 보리차는 몸에 열이 날 때 식혀 줍니다. 결명자차는 눈을 맑게 해 줍니다. 옥수수차는 몸의 붓기를 빼 줍니다. 녹차는 정신을 집중시켜 줍니다. 둥굴레차는 피부에 윤이 나게 해 줍니다. 검정콩 차는 몸이 피곤할 때 좋습니다. 여러분도 몸에 맞는 차를 마셔 보세요.

※ 열심히 연습하고 □안에 동그라미표 하세요.

1. 들으며 읽기	2. 따라 읽기	3. 짝과 함께 읽기		4. 스스로 연습하기
		학생 역할	선생님 역할	

확인하기

1. 눈을 맑게 해 주는 차는 무엇인가요? (　　)

   ① 보리차
   ② 결명자차

2. 옥수수차는 어떤 좋은 점이 있나요? (　　)

   ① 피부에 윤이 나게 한다.
   ② 몸의 붓기를 빼 준다.

쓰기

 녹차

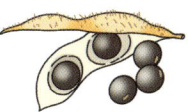 검정콩

 끓이다 　

도전하기

출발	걸린 시간	___분 ___초	도달	걸린 시간	___분 ___초
	틀린 어절 수	_____ 어절		틀린 어절 수	_____ 어절

29 일차
78어절

소리 내어 읽기

너무 빠르지 않게, 말하듯이 부드럽고 정확하게 읽어요.

귀뚜라미

가을밤이면 작게 '귀뚜르르'하는 귀뚜라미의 소리가 들립니다. 귀뚜라미는 우리에게 가을을 알려 줍니다. 귀뚜라미는 주로 밤에 활동합니다. 그래서 귀뚜라미 소리는 밤에 잘 들을 수 있습니다. 귀뚜라미는 습기가 많은 곳을 좋아합니다. 그래서 풀숲이나 연못 주변에서 귀뚜라미의 소리를 더 잘 들을 수 있습니다.

귀뚜라미는 어떻게 아름다운 소리를 낼까요? 바로 날개를 비벼서 소리를 냅니다. 이 소리는 수컷이 암컷에게 관심을 받기 위한 사랑의 노래라고 합니다. 가을밤에 야외에서 갑자기 귀뚜라미를 보게 된다면 놀라지 마세요. 귀뚜라미는 해로운 곤충이 아닙니다. 우리에게 아름다운 소리를 들려주는 가을의 음악가입니다.

※ 열심히 연습하고 □안에 동그라미표 하세요.

1. 들으며 읽기	2. 따라 읽기	3. 짝과 함께 읽기		4. 스스로 연습하기
		학생 역할	선생님 역할	

확인하기

1. 귀뚜라미는 어떤 곳을 좋아하나요? (   )

   ① 습기가 많은 곳
   ② 마르고 건조한 곳

2. 귀뚜라미는 어떻게 소리를 내나요? (   )

   ① 긴 발을 움직여서
   ② 날개를 비벼서

쓰기

 풀 숲

 연 못

 귀 뚜 라 미

도전하기

출발	걸린 시간	___분 ___초	도달	걸린 시간	___분 ___초
	틀린 어절 수	_____어절		틀린 어절 수	_____어절

30 일차
72어절

소리 내어 읽기

너무 빠르지 않게, 말하듯이 부드럽고 정확하게 읽어요.

안경

할아버지와 할머니도, 아빠와 엄마도, 누나까지 모두 안경을 썼다. 나만 빼고 모두 안경을 썼다. 식구들이 안경을 써서 나보다 똑똑한 것일까? 식구들과 이야기하면 내가 모르는 것을 다 알고 있다. 나도 안경을 쓰면 똑똑해질 수 있을 것 같다. 안경을 쓰고 싶어서 몰래 누나의 안경을 써 봤다. 이상하게 누나의 안경은 더 안 보이고 어지러웠다. 나도 어지럽지 않은 내 안경을 갖고 싶다. 하지만 엄마는 내가 안경을 쓰게 되면 속상하다고 하셨다. 왜 내가 안경을 쓰면 엄마가 속상하실까?

※ 열심히 연습하고 □안에 동그라미표 하세요.

1. 들으며 읽기	2. 따라 읽기	3. 짝과 함께 읽기		4. 스스로 연습하기
		학생 역할	선생님 역할	

확인하기

1. 안경을 쓴 식구들이 어떻게 보였나요? (   )

   ① 똑똑하게 보였다.
   ② 자상하게 보였다.

2. 누구의 안경을 몰래 써 보았나요? (   )

   ① 엄마
   ② 누나

쓰기

 안 경

 식 구

 할 머 니

도전하기

출발	걸린 시간	___ 분 ___ 초	도달	걸린 시간	___ 분 ___ 초
	틀린 어절 수	_____ 어절		틀린 어절 수	_____ 어절

선생님용 부록

선생님용 부록

이 교재를 활용하기 전에, 학생의 읽기 수준이 어느 정도인지 아는 것은 매우 중요합니다. 출발점을 알기 위한 부록 활용법은 다음과 같습니다.

1. 다음 장에 제시된 사전 평가(이야기글과 설명글)를 소리 내어 읽도록 합니다.

2. 걸린 시간과 정확하게 읽은 어절 수를 아래 <점검표>에 적어 주세요.

3. 한 영역이 끝날 때마다 형성평가 2종(이야기글, 설명글)을 실시합니다.

4. 교재를 다 마친 후 사전 평가와 같은 글을 소리 내어 읽어 봅니다.

5. 성장한 아동에게 큰 격려와 칭찬을 해 주세요.

6. 평가를 위한 참고 기준

    1~2학년 학년말(12월)을 기준으로 1분당 정확하게 읽은 어절 수(WCPM)는 다음과 같습니다.

수준	최소 수준	보통 수준
1학년	47~52어절	58~63어절
2학년	57~62어절	70~75어절

※ 참고: 최소 수준 이하는 읽기 부진의 가능성이 높아 집중적인 읽기 지도가 필요합니다.

점검표

평가	날짜	갈래	제목	걸린 시간	정확하게 읽은 어절 수	1분 동안 정확하게 읽은 어절 수
사전	/	이야기글	엄마의 일기	분 초		
	/	설명글	눈사람을 만들려면 어떤 눈이 좋을까?	분 초		
형성	/	이야기글	허준과 동의보감	분 초		
	/	설명글	몸에서 땀이 나요!	분 초		
	/	이야기글	욕심 많은 개	분 초		
	/	설명글	우리 몸을 지켜 주는 딱지	분 초		
사후	/	이야기글	엄마의 일기	분 초		
	/	설명글	눈사람을 만들려면 어떤 눈이 좋을까?	분 초		

※ **참고**: 아동이 100어절의 글감을 끝까지 읽기 어려워하면 <제한 시간을 1분으로 두고> 평가할 수 있습니다.

| 사전·사후 | 이야기글 |

교사용 "시작!"이라고 하면 제목부터 읽게 합니다.

엄마의 일기

나는 책을 좋아한다. 친구들과 술래잡기, 숨바꼭질 놀이도 재미있다. 하지만 책이 제일 재미있다. 책에는 내가 가 보지 못한 다른 나라 이야기가 있다. 또 내가 만나 보지 못한 다양한 사람들의 이야기도 있다. 내 책장에 있는 책은 다 읽어서 새로운 책을 읽고 싶었다. 그래서 안방 책장에는 어떤 책이 있는지 살펴보았다. 그러다가 얇은 초록색 공책들을 발견했다. 그 공책들은 낡아서 척 봐도 오래되어 보였다. 일기장이다. 샛별국민학교 1학년 1반 34번 김영희. 와! 우리 엄마의 이름이다. 잠시 고민이 되었지만, 일기장을 넘겨 보았다. 엄마의 일기가 재미있어서 웃음이 났다. 일기장 속에서 1학년이었던 꼬마 엄마를 만났다. 꾸준히 쓴 꼬마 엄마의 일기는 정말 좋았다. 나도 엄마처럼 매일 일기를 써야겠다.

2
9
19
30
39
49
56
63
73
80
88
98
100

사전 평가	평가일: 월 일	사후 평가	평가일: 월 일
걸린 시간	_____ 분 _____ 초	걸린 시간	_____ 분 _____ 초
정확도	100 - [틀린 어절 수 _____ 어절] = _____ %	정확도	100 - [틀린 어절 수 _____ 어절] = _____ %

1분당 정확하게 읽은 어절 수(WCPM) 구하는 방법	$\dfrac{\text{정확하게 읽은 어절 수}}{\text{걸린 시간(초)}} \times 60 = $ _____

사전·사후　이야기글

학생용

엄마의 일기

　나는 책을 좋아한다. 친구들과 술래잡기, 숨바꼭질 놀이도 재미있다. 하지만 책이 제일 재미있다. 책에는 내가 가 보지 못한 다른 나라 이야기가 있다. 또 내가 만나 보지 못한 다양한 사람들의 이야기도 있다. 내 책장에 있는 책은 다 읽어서 새로운 책을 읽고 싶었다. 그래서 안방 책장에는 어떤 책이 있는지 살펴보았다. 그러다가 얇은 초록색 공책들을 발견했다. 그 공책들은 낡아서 척 봐도 오래되어 보였다. 일기장이다. 샛별국민학교 1학년 1반 34번 김영희. 와! 우리 엄마의 이름이다. 잠시 고민이 되었지만, 일기장을 넘겨 보았다. 엄마의 일기가 재미있어서 웃음이 났다. 일기장 속에서 1학년이었던 꼬마 엄마를 만났다. 꾸준히 쓴 꼬마 엄마의 일기는 정말 좋았다. 나도 엄마처럼 매일 일기를 써야겠다.

사전·사후 설명글

교사용

"시작!"이라고 하면 제목부터 읽게 합니다.

눈사람을 만들려면 어떤 눈이 좋을까?

추운 겨울이면 하늘에서 하얀 눈이 내립니다. 눈의 종류에는 여러 가지가 있다고 합니다. 먼저 함박눈은 눈이 서로 엉겨 붙어 만들어집니다. 그래서 함박눈은 눈송이가 아주 큽니다. 보통은 1cm 정도지만 10cm나 되는 눈송이도 있습니다. 가루눈은 이름처럼 가루와 같이 펄펄 날리는 눈입니다. 가루눈은 날씨가 춥고 강한 바람과 함께 내립니다. 그리고 싸라기눈이 있습니다. 이렇게 싸라기눈은 딱딱한 알갱이로 내리는 눈입니다.

어떤 눈이 눈사람을 만들기 좋을까요? 바로 함박눈입니다. 함박눈은 물기가 많아서 잘 뭉쳐집니다. 그래서 함박눈은 눈사람을 만들기 매우 좋습니다. 그리고 내리는 눈에 따라 얼마나 추운지도 알 수 있습니다. 함박눈이 오면 그날은 비교적 따뜻한 날입니다. 반대로 가루눈이 오면 그날은 매우 추운 날이라고 합니다.

5
13
23
30
38
46
54
59
66
74
83
92
100

사전 평가	평가일: 월 일
걸린 시간	_____ 분 _____ 초
정확도	100 - [틀린 어절 수 _____ 어절] = _____ %

사후 평가	평가일: 월 일
걸린 시간	_____ 분 _____ 초
정확도	100 - [틀린 어절 수 _____ 어절] = _____ %

1분당 정확하게 읽은 어절 수(WCPM) 구하는 방법	$\dfrac{\text{정확하게 읽은 어절 수}}{\text{걸린 시간(초)}} \times 60 =$ _____

사전·사후   설명글

학생용

눈사람을 만들려면 어떤 눈이 좋을까?

  추운 겨울이면 하늘에서 하얀 눈이 내립니다. 눈의 종류에는 여러 가지가 있다고 합니다. 먼저 함박눈은 눈이 서로 엉겨 붙어 만들어집니다. 그래서 함박눈은 눈송이가 아주 큽니다. 보통은 1cm 정도지만 10cm나 되는 눈송이도 있습니다. 가루눈은 이름처럼 가루와 같이 펄펄 날리는 눈입니다. 가루눈은 날씨가 춥고 강한 바람과 함께 내립니다. 그리고 싸라기눈이 있습니다. 이렇게 싸라기눈은 딱딱한 알갱이로 내리는 눈입니다.

  어떤 눈이 눈사람을 만들기 좋을까요? 바로 함박눈입니다. 함박눈은 물기가 많아서 잘 뭉쳐집니다. 그래서 함박눈은 눈사람을 만들기 매우 좋습니다. 그리고 내리는 눈에 따라 얼마나 추운지도 알 수 있습니다. 함박눈이 오면 그날은 비교적 따뜻한 날입니다. 반대로 가루눈이 오면 그날은 매우 추운 날이라고 합니다.

확인하기 문제 정답

1단원	1일차	2일차	3일차	4일차	5일차	6일차	7일차	8일차	9일차	10일차
쪽수	13	15	17	19	21	23	25	27	29	31
답 1, 2번	1, 2	1, 1	1, 1	2, 1	1, 2	1, 1	1, 1	1, 1	1, 2	2, 1

2단원	11일차	12일차	13일차	14일차	15일차	16일차	17일차	18일차	19일차	20일차
쪽수	37	39	41	43	45	47	49	51	53	55
답 1, 2번	1, 1	1, 1	1, 1	1, 1	1, 2	1, 1	1, 1	1, 1	1, 2	2, 1

3단원	21일차	22일차	23일차	24일차	25일차	26일차	27일차	28일차	29일차	30일차
쪽수	61	63	65	67	69	71	73	75	77	79
답 1, 2번	2, 1	1, 2	1, 2	1, 2	1, 2	2, 1	1, 1	2, 2	1, 2	1, 2

모든 아이들이 즐겁게 읽을 수 있기를!

저자

배움찬찬이연구회는 좋은교사운동 산하 전문모임으로 학교 현장의 교사가 중심이 되어 기초학력을 전문적으로 연구하고 실천하고 있다.

일러스트

정수현은 경인교육대학교대학원에서 미술교육을 전공했다. 인천의 초등학교에서 아이들을 가르치는 현직 교사이자 아이들을 위한 그림책 『완전 멋진 나』의 저자이다. 그림으로 아이들의 배움에 도움을 주려고 노력하여 『읽기자신감』, 『찬찬한글』, 『따스함』, 『영어자신감』의 일러스트를 그렸다.

참 잘했어요!

1	2	3	4	5
6	7	8	9	10
11	12	13	14	15
16	17	18	19	20
21	22	23	24	25
26	27	28	29	30